BEI GRIN MACHT SICH IHR WISSEN BEZAHLT

- Wir veröffentlichen Ihre Hausarbeit,
  Bachelor- und Masterarbeit

- Ihr eigenes eBook und Buch -
  weltweit in allen wichtigen Shops

- Verdienen Sie an jedem Verkauf

Jetzt bei www.GRIN.com hochladen
und kostenlos publizieren

Julie Behrman Ortegon

¿Qué quieres hacer el fin de semana? - Lehrprobenentwurf

Repaso del presente del indicativo

GRIN Verlag

Bibliografische Information der Deutschen Nationalbibliothek:

Die Deutsche Bibliothek verzeichnet diese Publikation in der Deutschen National-
bibliografie; detaillierte bibliografische Daten sind im Internet über http://dnb.d-
nb.de/ abrufbar.

Impressum:

Copyright © 2011 GRIN Verlag GmbH
Druck und Bindung: Books on Demand GmbH, Norderstedt Germany
ISBN: 978-3-656-23416-6

Dieses Buch bei GRIN:

http://www.grin.com/de/e-book/194544/que-quieres-hacer-el-fin-de-semana-lehr-
probenentwurf

Unterrichtsentwurf-Lehrprobe

Fach	Spanisch
Thema	*Anwendung Stunde: ¿Qué quieres hacer el fin de semana?*
Anlass	Lehrprobe
Fachlehrerin	M.A. July Mireya Ortegón Tocarruncho
Schulname	▆▆▆▆▆▆▆▆▆▆▆
Schulart	Technisches Gymnasium
Klasse	11
Datum	Donnerstag 17.02.2011
Zeit	14.00 bis 14.45
Raum	
Fachleiterin	▆▆▆▆▆▆▆
Vorsitzende	▆▆▆▆▆▆▆

„Ich versichere, dass ich den Lehrprobenentwurf selbstständig angefertigt, nur die angegebenen Hilfsmittel benutzt und alle Stellen, die dem Wortlaut oder dem Sinn nach anderen Werken entnommen sind, durch Angabe der Quellen als Entlehnung kenntlich gemacht habe".

17.02.2011
Datum

July Mireya Ortegón Tocarruncho
Unterschrift

1. Thema der Stunde   *¿Qué quieres hacer el fin de semana? ¡Hablar sobre planes!*

Nachdem die Klasse 11B/C das neue Thema „la familia, ihre Beschreibung und einige linguistische Strukturen" kennengelernt und ausgeübt hat, wurden die unregelmäßigen Verben *„querer, hacer, jugar, domir"* zu diesem Thema eingeführt. Im Gegensatz zu vorherigen Themen, haben die Schüler sich besonders für die Beschreibung der Familie und sportliche Aktivitäten interessiert. Sie haben sich mit Hobbies und Sportarten auseinandergesetzt und hatten die Gelegenheit mit ihren Mitschülern darüber zu reden. Aus diesem Anlass wurde diese Anwendungsstunde entwickelt, um die Kenntnisse der Schüler bezogen auf das Thema „**querer + infinitiv**" zu verstärken.

Thema dieser Stunde bezieht sich auf die Lektion 2A des Lehrwerks *„Encuentros- Seite 26"*. Der Text wurde zwecks dieser Stunde editiert und dementsprechend für die kommunikativen Bedürfnisse der Klasse B/C angepasst.

2. Situationsanalyse

Es handelt sich um die **Klasse 11 B** mit Profilierung in █████████████████
██ Insgesamt sind es 28 Schüler, davon acht aus der Klasse C. Die Mehrheit sind Jungs, es gibt nur fünf Mädchen in der Klasse.

Es ist eine sehr heterogene und multikulturelle Klasse, die Interessen der Schüler sind so verschieden wie ihre schulische Laufbahn. Ein Paar der Schüler kommen aus der BFS, andere aus der Realschule und nur zwei aus dem allgemeinbildenden Gymnasium. Es war sehr schwer einen gemeinsamen Anfang zu finden, um die Motivation der Schüler für die spanische Sprache zu wecken. Mit der Zeit und nach dreieinhalb Monaten haben sich die Schüler an das Arbeitsklima des Spanischunterrichts und das Kooperative Lernen mit ihren Mitschülern angepasst. Die Bemühungen der Lehrkraft, das autonome Lernen einzuführen, haben in den letzten Unterrichtsstunden Erfolg gezeigt.

Um weitere sprachliche Erfolge zu erlangen, hat die Lehrkraft die Klasse 11B/C in neue „Expertengruppen" aufgeteilt. Es dreht sich um sieben Gruppen jeweils mit einem „lider", der seine/ihre Gruppe sprachlich unterstützt und gleichzeitig ist diese/r der/die direkte Ansprechpartner/in für Lehrkraft. Dies hat die Disziplinprobleme der letzten Monate deutlich verbessert. Leider ist immer noch die Abwesenheitsquote dieser Klasse sehr hoch und dies behindert die konsequente Durchführung von Projekten in Gruppen.

3. Didaktische Analyse

3.1. Lehrplanbezug

Das Thema fördert das Lesenverstehen (stilles Lesen), die Festigung von linguistischen Strukturen (Gebrauch und Anwendung der gegenwärtigen grammatikalischen Struktur querer + Infinitiv, Ausübung der spanischen Konjugation der Verben auf –ar, er, ir und Vokabular zum Thema Aktivitäten) sowie die sprachlichen Fertigkeiten und grammatikalische Kompetenzen wie im Bildungsplan für das berufliche Gymnasium der sechs- und dreijährigen Aufbauform (siehe Punkte: 1.2., 1.3, 1.4 Seite 20) beschrieben.

Das Thema wurde so bearbeitet, dass die Klasse 11 B/C die Möglichkeit hat, ihre vorhandenen grammatikalischen Strukturen mit den gerade erst erhaltenen Kenntnissen zu verbinden (siehe Punkt 2.3, 2.2 Wortschatz und Grammatik) und in realen Kontexten ausüben zu können. (siehe Punkt 2.4 Texte)

Hauptziel dieser Sitzung ist in erster Linie die Festigung der oben genannten grammatikalischen Kompetenzen (*siehe Punkt 1*) durch die sprachliche Fertigkeit „selektives Lesen" und die grammatikalische Umsetzung durch die Schüler für die Bearbeitung der Aufgabe „*¿Qué quieres hacer el fin de semana?*". Dort sind die Schüler in der Lage, in erster Linie die Struktur auszuüben und über verschiedenen Freizeitaktivitäten mit ihren Mitschülern zu sprechen.

3.2. Vor- und Nachstruktur

Vor dieser Sitzung haben wir die folgenden Themen behandelt: „*la familia, el árbol genealógico, los determinantes posesivos y los verbos hacer, jugar y dormir*". Wie vorhin erwähnt, wird in dieser Sitzung erwartet, dass die Schüler der Klassen 11B/C ihre grammatikalische Kompetenz in einem authentischen Kontext umsetzen können und ihre Kenntnisse der genannten Themen durch die Bearbeitung der Aufgaben nutzen können. Diese Anwendung Stunde dient als Vorbereitung für die kommende Klassenarbeit, die als Schwerpunkt für das Thema „*verbos irregulares y su uso*" hat.

3.3. Stoffanalyse

Warum wird das Thema „*¿Qué quieres hacer el fin de semana?- hablar sobre planes*" behandelt?

Wer spricht nicht über seine/ihre Pläne? In alltäglichen Kontexten ist das Thema „*Hablar sobre planes*" nicht nur ein Eisbrecher in fremdsprachlichen Situationen, sondern auch ein wichtiger Startpunkt, um relevante linguistische Strukturen zu festigen, zu wiederholen und auszuüben. Nach vier Monaten sind die Schüler in der Lage, ihre vorhandenen grammatikalischen Prozesse anhand dieses Themas auszuüben. Hier sehen die Schüler, dass es nicht mehr darum geht, einzelne linguistische Strukturen zu lernen, sondern die Teile des Puzzles zusammen zu führen, um kleine Gespräche durchführen zu können.

Es geht hier um die Beschreibung von Aktivitäten, die man an einem Wochenende als „ein normaler Teenager" macht. z.B. „*jugar baloncesto, hablar con amigos, ver televisión, comer con la familia, etc*".

3.4. Lernziele

Die Klassen 11 B/C sind in der Lage die folgenden Ziele mit dieser Stunde zu erreichen:

Linguistische Ziele	Kommunikative Ziele	Kulturelle Ziele	Methodische Ziele
Das Ausüben des selektiven Lesens „*lectura selectiva*"	Umsetzung von grammatischen Strukturen in Partner- und- Gruppenarbeit	Wege finden, um in ein Gespräch über persönliche Informationen mit ihren/seinen Mitschüler zu kommen	Kooperatives Lernen durch ein kleines „*Kugellager*" in sieben Gruppen Wortschatz und Lernzielkontrolle durch Partner- Gruppenarbeit
Festigung der vorhandenen Vokabeln	Festigung und Anwendung eigener „*discourse competence*"	Durch den Gebrauch von einem realen Szenario „La Serena" erfahren die Schüler weitere landeskundliche Informationen über Chile	sprachliche Förderung durch die Einübung der grammatikalischen Strukturen in authentischen Situationen
Festigung grammatikalischer Strukturen: spanische Gegenwart, Gebrauch von einigen unregelmäßigen Verben, die Possessiv-/Personalpronomina, Vokabular zum Thema Familie	Umsetzung von vorhandenen Strukturen, um reale Situationen zu meistern		
Vorhandenes Wissen über die spanische Lauten und ihre konsonantischen Kombinationen umsetzen, um deutliche Gespräch durchführen zu können –	Umsetzung der bereits gelernten phonetischen Strukturen		

4. Methodisches Vorgehen

Schüler erarbeiten sich neue Lehrinhalte alleine und zu zweit. Schüler arbeiten in Gruppen.

Die Konjugation der vorhandenen Strukturen wird zunächst in einem Kugellager **(GA)** ausgeübt. Die Schüler üben die entsprechenden Konjugationen. Der „*Lider*" der Gruppe kontrolliert, dass ihre/seine Teampartner die richtigen Konjugationen bilden.

Die Lehrerin präsentiert die grammatikalischen Strukturen in einer kleinen Erzählung durch drei Bilder. Die Schüler raten, was auf dem Bild passiert **(PL)**, Lehrkraft ergänzt ihre Aussagen an die Tafel.

In der zweiten Phase sollen die Schüler durch selektives Lesen des Aufgabentextes beweisen, dass sie die Struktur verstehen **(EA)**. Der Text beinhaltet bekannte Vokabeln, die die Schüler in den letzten Sitzungen gelernt haben. Richtige Antworten werden im **(PL)** kontrolliert.

In der dritten Phase geht es darum Kenntnisse zu festigen **(PA)**. Die Schüler arbeiten zu zweit mit einem Tandembogen.

In der letzten Unterrichtsphase sollen die Schüler nun die grammatischen Strukturen und ihr vorhandenes Wissen kreativ verwenden. Es geht hier um ein Rollspiel **(GA)**. Die Schüler üben den Gebrauch der Struktur „querer + Infinitivform". Dabei sind Vokabeln aus den letzten zwei Sitzungen zu wiederholen.

4.1. Sozialformen/ Aktionsformen

Im ersten Abschnitt Plenum stehen Gruppenarbeit und Unterrichtsgespräch im Vordergrund.

Im zweiten Abschnitt spielt die Einzelarbeit eine wichtige Rolle. Hier können alle Schüler ihr Wissen durch die Lektüre des Textes festigen.

Im dritten Abschnitt wird Partnerarbeit als kooperatives Lernmittel eingesetzt. Hier haben die Schüler die Möglichkeit, ihren Partnern bei der Einübung der Konjugationen zu helfen.

Im vierten Abschnitt ist die Gruppenarbeit ein zentraler Punkt für die Umsetzung ihres erworbenen Wissens. Hier können sich die Schüler gegenseitig in der Gestaltung eines kleinen Gesprächs helfen. Der Gruppenleiter soll immer kontrollieren, dass die Teampartner die richtigen Formulierungen und Ausdrücke verwenden.

4.2. Fertigkeiten

Die Zielfertigkeit dieser Stunde sind das Lesenverstehen und das Sprechen durch die richtige Umsetzung von grammatikalischen Strukturen in authentischen Kontexten. Dabei sind das Hören (muttersprachliche „*Discourse*" der Lehrkraft) und die Verbesserung ihrer eigenen „*Discourse*" durch die kommunikativen Aufgaben als Nebenfertigkeiten ein wichtiger Teil der Konstruktion des neuen Wissens für die Festigung dieses grammatischen Themas

5. Medieneinsatz

Der Projektor und Tafel dienen als Medienmittel für die Schüle.

6. **Anhang**
   -Verlaufsplan
   -Tafelbild
   -Aufgabe „Comprensión lectora"
   -Aufgabe „Tandem"
   - Aufgabe „Rollspiel"

Verlaufsplanung: Anwendung Stunde: ¿Qué quieres hacer el fin de semana?

Zeit 45'	Phase	Formulierung der Lernschritte	Methodik	Medien
2'		Begrüßung und Vorstellung	PL	
6'	**Einstieg**	Aufwärmen / Hinführung zum Thema Kugellager (in kleinen Gruppen) 7 Gruppen Teamleiter kontrolliert, dass alle Teammitglieder die Konjugationen bearbeiten. (einige Verben auf –ar, -er,-ir) (Unregelmäßige Verben *querer, hacer, jugar, dormir*)	UG GA SP (mdl.) / HV	Kärtchen
5'	**Erarbeitung**	L. erzählt eine Geschichte *"Es fin de semana, pero...¿Qué quiere hacer Rándal el fin de semana?* L. zeigt die entsprechenden Bilder. (es sind drei Bilder pro Satz) S. geben ihre Beiträge (nicht unbedingt mit „querer") z.B. *„él toma cerveza..."* L. ergänzt *"ah, si... Rándal quiere tomar cerveza con sus hermanos..."* L. hängt die Sätze an die Tafel	UG HV SP (mdl.) PL SP (schr.)	Fotos Projektor Tafel Kärtchen
3'	**Kontextualisie rung**	Wiederholung der Anwendung: L. ergänzt die Sätze an die Tafel S. wiederholen die Sätze S. schreiben auf ihr Arbeitsblatt		
10'	**gesteuerte Aufgabe I**	Leseverstehen **" ¿Qué quieres hacer el fin de semana, Rándal?"** L. erklärt die Aufgabe. S. lesen die Texte und markieren die richtige Antwort auf ihren AB	LV EA	Arbeits-blatt
3'	**Ergebnis-sicherung Übung 1**	L. kontrolliert richtige Antworten der S. L. gibt einem S. eine Folie. S. schreibt die richtigen Antworten. S. präsentiert sie ihren/seinen Mitschülern.	PL	Folie

| 5' | freie Aufgabe | **Tandem**
El fin de semana de Rándal
L. erklärt Aufgabe
S. üben die Konjugationen beim Antworten der Fragen.
Partner kontrolliert | PA
HV /
SP (mdl.) | AB-
Tandem |
| 10' | freie Aufgabe | **Rolle spielen**
¿Qué quiere hacer una estrella de la farándula (Dt. Promi) el fin de semana?
Jeder erhält ein Kärtchen (es geht um einen Promi)
Jeder liest sich die Informationen dieses Promis durch
Jeder übernimmt eine Rolle
S. suchen sich drei Partner und erzählen ihnen, was ihr/sein Promi am Wochenende macht.
S. benutzen dabei ihre erhaltenen Kenntnisse über die Struktur „querer + Infinitivform) | EA
GA
SP (schr.) | Arbeits-
blatt |

Abkürzungen:

Personen	Sozialformen		Aktionsformen (z.B)		Fertigkeiten	
Lehrer: L.	Plenum:	PL	Unterrichtsgespräch:	UG	Hören:	HV
Schüler: S.	Gruppenarbeit:	GA	Tandem:	AB	Lesen:	LV
	Partnerarbeit:	PA	Rollenspiel:	RS	Sprechen:	SP (mdl.)
	Einzelarbeit:	EA	Kugellager:	KL	Schreiben:	SP (schr.)
	Einzelantwort:	E	Speed Dating:	SD		
			Präsentation:	Präs.		

Anhänge: Tafelbild, Aufgabe 1, Aufgabe 2, Aufgabe 3

1.   Tafelbild: (Fotos können ergänzt werden)

¡Es fin de semana! ¡Yupi!

Deutsche Übersetzung wird von den Schülern als Lernhilfe ergänzt

pero......

¿Qué quiere hacer Rándal el fin de semana?

1.   Rándal quiere tomar cerveza con sus hermanos   Rándal möchte ein Bier mit seinen Brüdern trinken.

2. Rándal quiere jugar fútbol con sus primos

3.   Rándal quiere dormir   Rándal möchte mit seinen Cousins Fußball spielen.

Rándal möchte schlafen.

2.   Kärtchen-Kügellager-

3.   Kärtchen „Rollspiel"

Hier kann auf Wunsch die Materialien per e-Mail zugeschickt werden können. Leider aus rechtlichen Gründen kann ich es in dieser Ausgabe die Materialien zeigen. Schreiben Sie eine E-Mail an die Autorin an: linguistics1004@googlemail.com für weitere Auskünfte dieser Unterrichtseinheit.

Aufgabe 1
1. **Lee el texto sobre Rándal y su fin de semana.**   10 minutos
    Marcar (X) la respuesta correcta SI o NO

¿Qué quiere hacer Rándal el fin de semana?	SI	NO
Rándal vive en la Serena, una ciudad en China		X
Rándal no tiene escuela en el fin de semana	X	
Rándal quiere ver la tele y dormir mucho	X	
Rándal quiere desayunar con café y pan chileno	X	
Rándal tiene un amigo austriaco, él aprende español en la Serena		X
Rándal tiene un amigo, profesor de alemán en su escuela	X	
El amigo de Rándal aprende español y Rándal aprende francés		X
Rándal y Mark quieren caminar en la ciudad y hablar con las chicas	X	
Rándal y Mark quieren surfear en las playas de la Serena	X	
Rándal y Mark no quieren hablar con las chicas guapas de la Serena		X
Los chicos quieren bailar salsa y hip hop con las chicas guapas		X
Mark quiere bailar salsa con las chicas		X
Los chicos quieren escuchar rock y no quieren bailar salsa	X	
La abuela de Rándal es generosa y amable		X
La abuela de Rándal habla sobre historias de amor	X	
Los chicos quieren ver un show del grupo alemán Ramstein	X	

¿Qué quieres hacer el fin de semana, Rándal?   Bitte die Fußnoten lesen!

¡La Serena, Chile!	Hola chicos y chicas de Alemania. Soy Rándal, el chico chileno. Es fin de semana. No tenemos escuela, no tenemos profesores, ¡Yupi!.
Materialien und Abbildungen können hier eingefügt werden. Auf Wunsch kann ich Ihnen die Materialien per e-Mail senden.	**El fin de semana** es tranquilo en la Serena. Nosotros tenemos unas playas hermosas y chicas muy guapas . Éste fin de semana **quiero hacer** muchas cosas. Hoy quiero hablar sobre mi fin de semana en "La Serena":
	Éste fin de semana es especial. Yo quiero comer mucho, domir, ver la televisión. ¡ fenomenal!.
	El sábado:
	- En la mañana, yo **quiero desayunar** con mi familia, tomar un cafecito con una *marraqueta chilena*[1]. Mi mamá hace un desayuno[2] delicioso...!ummm!
	- Más tarde, **quiero estudiar** alemán con Mark. Es un chico alemán, él es un estudiante de intercambio. Él trabaja como profesor de alemán en mi escuela y aprende español con mi familia. Nosotros **queremos surfear** en la playa, jugar fútbol, caminar en la ciudad y hablar con las chicas también.
	- Mark y yo **queremos hablar** con unas chicas guapas de la escuela. Ellas **quieren bailar** esta noche en el "Arena Club". Las chicas **quieren bailar** salsa y hip hop y tomar unos cócteles. Nosotros **los chicos queremos escuchar** rock "Bon Jovi o Metálica". Mark "el chico alemán" no baila salsa.
	El domingo:
	- El domingo **quiero visitar** a mi abuela Mercedes. Ella es una persona muy amable y simpática. Ella cocina comida[3] chilena y habla sobre historias de amor[4].
	- En la tarde, **mis amigos y yo queremos ver** la televisión. Hay un show especial con un grupo alemán "Ramstein". Ellos cantan música metálica y quieren cantar en Chile pronto[5]. En la noche **quiero dormir**. ¡El fin de semana en La Serena es emocionante!.

---

[1]   Eine Spezialität aus Chile. Weißbrot

[2]   Das Frühstück

[3]   Das Essen

[4]   Die Liebesgeschichten

[5]   bald

2.   En parejas- TANDEM- El fin de semana de Rándal   5 minutos
Dobla la página y pregunta a tu compañero/a

A	B
¿Qué quiere hacer Rándal el fin de semana? - Rándal quiere comer mucho, domir, ver la televisión	
	¿Qué quiere desayunar Rándal? - él quiere desayunar un cafecito y una marraqueta.
¿Qué quieren hacer Rándal y Mark? - Ellos quieren surfear en la playa y quieren hablar con las chicas.	
	¿Qué quieren hacer los chicos y las chicas? - Ellos quieren bailar en el Arena club. Ellos quieren tomar cócteles.
¿Qué música escuchan Rándal y Mark? -Ellos escuchan música rock.	
	¿Cómo se llama la abuela de Rándal? - la abuela de Rándal se llama Mercedes

3.   Comunicación oral: 10 minutos

Rollspiel: ¿Qué quiere hacer una estrella de la farándula (Dt. Promi) el fin de semana?

Situation:

Du bist ein Promi und normalerweise hast du nie ein freies Wochenende. Dieses Mal hast du Zeit, um verschiedene Aktivitäten zu machen und möchtest drei von deinen Kollegen (sie sind auch Promis) auf einer Promiparty erzählen, was du an diesem besonderen Wochenende machen möchtest.

Actividad:

1. Leer la tarjeta, leer la información de la estrella de la farándula.
2. Preparar un small talk (*benutze dabei die gelernte Struktur "querer + Grundform" und die erste Person Singular für dein Gespräch)
3. Hablar con tres (3) compañeros[6]. Hablar sobre tu fin de semana (das von deinem Promi)

---

[6]   Die Mitschüler